तुझको अर्पण

डॉ प्रदीप कुमार तिवारी 'साथी'

ISBN 979-888629200-8

यह पुस्तक मेरी पत्नी सीमा देवी को समर्पित है। मैं हर चीज के लिए सीमा देवी का बहुत-बहुत शुक्रगुजार हूं। मेरे जीवन में आने के लिए, मुझे मुस्कुराने और खुश करने के लिए धन्यवाद।

आगे बढ़ने क लिए दिशाएं बहुत हैं,
साथ चलने के लिए मौसम की हवाएं बहुत है।
कुछ बातें ही दिल का इलाज़ हुआ करती है,
वरना कहने को तो दुनिआ में दवाएं बहुत हैं ।।

क्रम-सूची

क्रम-सूची

क्रम-सूची

प्रस्तावना

'इस जीवन में केवल एक ही खुशी है, प्यार करना और प्यार करना'-जॉर्ज सैंड ।

प्यार एक धैर्यवान और दयालु है, यह ईर्ष्या या घमंड नहीं करता है, अभिमानी या अशिष्ट नहीं है, अपने तरीके पर जोर नहीं देता है, चिड़चिड़ा या नाराज नहीं है, गलत काम पर खुशी नहीं देता है, लेकिन सच्चाई के साथ आनन्दित होता है। जीवन एक फूल जिसका प्रेम शहद है। जीवन में प्रेम के महत्व को समझते हुए यह पुस्तक लिखी गई है। इस किताब में प्रेम कहानी पर आधारित हिंदी गाने हैं। इस पुस्तक में सच्चे प्रेम के क्षण को चित्रित करने का प्रयास किया गया है। यह भावनाओं का संग्रह है। यह रिश्ते के हर पल यानी सुख और दुख को कवर करता है। पुस्तक के सभी गीत किशोरावस्था में प्रेम के मेरे व्यक्तिगत अनुभव पर आधारित हैं। मैंने उन युवाओं का भी विश्लेषण किया जो रिश्ते में हैं, और अपने प्रेम जीवन में विभिन्न चुनौतियों का सामना करते हैं। यह किताब सच्चे प्यार को एक स्पष्ट दिशा देती है।

डॉ राजेश कुमार शुक्ला

विभागाध्यक्ष, पत्रकारिता विभाग

आईएफटीएम विश्वविद्यालय, मुरादाबाद

भूमिका

Dr. Pradeep Kumar Tiwari

डॉ. प्रदीप कुमार तिवारी "साथी" आईएफटीएम विश्वविद्यालय, मुरादाबाद के शिक्षा विभाग के विभागाध्यक्ष के पद पर कार्यरत हैं। मैं प्रकृति और प्राकृतिक सुंदरता का प्रेमी हूं। मेरा शौक हिंदी गीत, शायरी और प्रेम, परिवार, भावना आदि पर आधारित कहानी लिखना है। मैं 2014 से पढ़ा रहा हूं।

मैंने प्रतिष्ठित पत्रिकाओं में कई शैक्षिक लेख प्रकाशित किए हैं। मैं भारतीय शिक्षा और साहित्य के विकास के लिए लगातार मेहनत कर रहा हूं। इस पुस्तक में भावनाओं पर आधारित प्रेम सम्बन्धी गीतों को चित्रित करने का प्रयास किया गया है। यह गीत काव्य संग्रह हैं और मेरे व्यक्तिगत अनुभव परआधारित है। मुझे उम्मीद है कि आपको गाने पसंद आएंगे। इन गीतों को स्वरबद्ध किया जा रहा है। कुछ ही दिनों में समस्त पाठकों को इन गीतों को संगीत के रूप में सुनने का अबसर मिलेगा।

पावती (स्वीकृति)

मेरी पुस्तक को पूर्ण बनाने के लिए मैं निम्नलिखित व्यक्तियों का बहुत-बहुत आभारी हूँ।

1. इंद्रमणि
2. प्रो. राजकुमारी सिंह
3. डॉ राजेश कुमार शुक्ला
4. डॉ. वेंकटेश्वर मेहर
5. डॉ मीरा अग्रवाल
6. डॉ. अलका शर्मा
7. डॉ भूपेंद्र कौर
8. श्रीमती पूजा गुप्ता
9. सुश्री निकिता यादव एवं अन्य साथियों
10. प्रज्ञा तिवारी
11. तृप्ति तिवारी

1. सिलसिला

नया सिलसिला है मिले दो जिगर

न मालूम कदम को है मंजिल किधर

नया सिलसिला है मिले दो जिगर...........

तुम्हें देखकर दिल में हलचल हुई

मैं हुआ तेरा आशिक तू मेरी हुई

नजरें टिकीं मेरी जुल्फों पे तेरी

पला प्यार मेरा बांहों मे तेरी

निगाहें ये चेहरे से हटती नही

देखूँ कितना भी प्यास बुझती नहीं

आये नजर तू मैं देखूँ जिधर

नया सिलसिला है मिले दो जिगर...........

करूँ क्या समझ मे आता नही है

सिवा तेरे कुछ और भाता नही है

रहे सामने तू यही चाहता हूँ

करूँ प्यार कितना मै ये सोचता हूँ

इन झील सी आँखों मे डूब जाउँ

तेरी अदाओं पे कहीं मर न जाउँ

है शुरू जिंदगी का सुहाना सफर

नया सिलसिला है मिले दो जिगर...........

2. तेरी जुल्फें

तुमने काली काली जुल्फों मे जो माँग सँवारी है
इसे देना नहीं किसी को ये माँग हमारी है...
अब तक बीता है बचपन अपना
तेरा ही देखा है आँखों ने सपना
खुली आँख से मैंने सपना संजोया
तुझमे ही रहता हूँ मैं खोया खोया
अब आ गई मुझपे भी जिम्मेदारी है
तुमने काली जुल्फों मे जो माँग सँवारी है
इसे देना नहीं किसी को ये माँग हमारी है...
निभायेंगे हम प्यार की रश्में
तोड़ेगें न हम वादे कसमें
साथ हमारे चलती रहना
जालिम दुनिया से न डरना
तस्वीर तेरी मैंने दिल मे उतारी है
तुमने काली जुल्फों मे जो माँग सँवारी है
इसे देना नहीं किसी को ये माँग हमारी है...

3. मिल के कभी न जुदा होंगें हम

मिल के कभी न जुदा होंगें हम
निभायेगें हम दोनों प्रीति की रशम
मिल के कभी न जुदा होंगें हम........
रूठ जाएं हम कभी तो, हमको मना लेना
दूर जाएं गर कभी तो, पास बुला लेना
साथ देना उम्रभर, मुँह कभी न मोड़ना
लाख हों दुश्मन मगर, वादे कभी न तोड़ना
याद रखना तू हमेशा, टूटने पाये कभी न
प्यार की कसम......
मिल के कभी न जुदा होंगें हम..........
इस दिल की कहानी, सुनाता रहूँगा
खुश रहे तू मैं रब से, मनाता रहूँगा
तुम्हें देखकर, मुस्कुराता रहूँगा
मुहब्बत की धुन, गुनगुनाता रहूँगा
अब तो नही है तुझको, मुझपे, कोई
शक या भरम........
मिल के कभी न जुदा होंगें हम..........
जुल्फों की छाँव मे सो जाऊंगा
हो के अलग तुमसे मर जाऊंगा
तेरे बदन का खुश्बू साँसों मे मेरी महके
दीवाना दिल ये मिलने को तुमसे तरसे
बड़ा बेताब हूँ तुम्हें देखने को

तुझको अर्पण

तेरी कसम............
मिल के कभी न जुदा होंगें हम..........

• 4 •

4. दिल, तोड़ न जाना...

दिल को लगा के दिल, तोड़ न जाना,

प्यार का दुश्मन, है सारा जमाना,

दिल को लगा के दिल, तोड़ न जाना...............

नींद चुराती हो मेरी,

तुम बनकर ख्वाबों की रानी,

दो दिलों मे शुरू हुई है,

इक प्यारी सी प्रेम कहानी,

कितना सुहाना, है दिलों का तराना,

दिल को लगा के दिल, तोड़ न जाना...............

प्यार की बातें, तुमने बताया,

करना मोहब्बत, तुमने सिखाया,

प्यार मेरा तेरे ही संग है,

इन आँखों मे तेरा ही रंग है

बना के दिवाना तू भूल न जाना

दिल को लगा के दिल, तोड़ न जाना...............

5. कोई बात है

कोई बात है, तभी तो है, ये नाराजगी,

क्यों नाराज आप है, मैंने क्या, खता है की,

हँस दो मेरी जाने वफा

माँफ कर दो मेरी खता

अब नही होगी कभी

मुझसे फिर कोई खता

मुस्कुरा दो तुम ये दिल बहल जाये

लहरा दो जुल्फें मौसम बदल जाये

तोड़ो ये खामोशी, बात हो कुछ दिल की,

कोई बात है, तभी तो है, ये नाराजगी,

ढेर सारी यादें, और अकेले हम,

खुशियों के पल थोड़े, बाकी सारे गम,

रूठ गया है यार मेरा, मुझे रूठा यार मनाना है

कदम मिला के कदमों से साथ मे हमको चलना है

खो जायें इक दूजे मे निकले धुन खुशी की

कोई बात है, तभी तो है, ये नाराजगी,

6. कैसे तुझे समझाऊँ

नाम लिखा किसका मेरे दिल पे, कैसे तुझे दिखाऊँ

सच क्या है मेरी जाने जाँ कैसे तुझे समझाऊँ

रूठी जो तू रूठा ये जमाना

मेरा दिल ही मुझसे रूठ गया

तेरे बिना लगता है मुझको

मेरा शाहिल मुझसे छूट गया

करता है कोई लगता है किसी को

इस दुनिया का दस्तूर यही है

खाके कसम तेरी कहता हूँ मैं

इसमें मेरा कोई कसूर नहीं है

जीवन के सफर का साथी है तू ही

तूने भी मुझको छोड़ दिया तो और कहाँ मैं जाऊँ

नाम लिखा किसका मेरे दिल पे, कैसे तुझे दिखाऊँ

सच क्या है मेरी जाने जाँ कैसे तुझे समझाऊँ

तुम ही मेरी साँस हो तुम ही धड़कन

तुम ही हो मेरा जिगर

तुम ही मेरी राह हो तुम ही मंजिल

तुम ही हो मेरे हम सफर

बिन तेरे साथी मेरे

मैं इक पल भी नही रह पाऊँगा

छोड़ दिया जो तुने साथ मेरा

मैं चैन कहीं न पाऊँगा

जीवन भी मेरा तू संसार मेरा तू ही

दुनियां की हर खुशियाँ तेरी बाँहों में ही पाऊँ

नाम लिखा किसका मेरे दिल पे, कैसे तुझे दिखाऊँ
सच क्या है मेरी जाने जाँ कैसे तुझे समझाऊँ
माफ मुझे करना मेरे साथी मेरी ये रूसवाई
प्यार छुपा जो दिल मे तेरे मैं उसे समझ न पाई
नाम लिखा तेरा मेरे दिल पे, कैसे तुझे दिखाऊँ
प्यार तुम्हीं मे है मुझको कैसे तुझे समझाऊँ
नाम लिखा तेरा मेरे दिल पे, कैसे तुझे दिखाऊँ
प्यार तुम्हीं से है मुझको कैसे तुझे समझाऊँ

7. तू जो मिली

तू जो मिली सब कुछ पा गये हम

माँगे भी तो क्या माँगे रब से सनम

तू जो मिली सब कुछ पा गये हम

माँगे भी तो क्या माँगे रब से सनम

जिस घर प्यार है वो परिवार है जग मे प्यारा

अलग न होंगे हम कभी जीवन है बहकी धारा

दिल से दिल ने वादा किया है साथ मे जीने मरने का

अब तो हमने सोच लिया है प्यार मे हद से गुजरने का

मर के भी न टूटने देंगे दिल से दिल का ये संगम

तू जो मिली सब कुछ पा गये हम

माँगे भी तो क्या माँगे रब से सनम

संग संग चलना है हद से गुजरना है

जो किया न किसी ने उसे करना है

बनी हमसफर जो तू हुई पूरी मुरादें

रब से भला हम क्या और माँगे

कभी पीछे न हटना मेरे हम कदम

तू जो मिली सब कुछ पा गये हम

माँगे भी तो क्या माँगे रब से सनम

8. जाने क्यूँ दुनिया में लोग दिल लगाते हैं

जाने क्यूँ दुनिया में लोग दिल लगाते हैं
अनजाने ख्वाब अपने दिल मे बसाते है
कुछ लोग पास आते है कुछ दूर जाते हैं
प्यार के खातिर दिल पे चोट खाते हैं
प्यार की जगह दिल मे दर्द को बसाते है
खाते हैं चोट प्यार मे फिर भी मुस्कुराते हैं...
जाने क्यूँ दुनिया मे लोग दिल लगाते हैं
अनजाने ख्वाब अपने दिल मे बसाते हैं
बदलता है वक्त और जमाने रूठ जाते हैं
बेवफाओं को बदलने के बहाने मिल जाते हैं
टूट कर ये दिल टुकड़ों मे बिखर जाते हैं...
जाने क्यूँ दुनिया मे लोग दिल लगाते है
अनजाने ख्वाब अपने दिल मे बसाते है

9. जब भी मोहब्बत दर्द बनी है

जब भी मोहब्बत दर्द बनी है
फूल भी काँटा बन जाता है....
गुजर गया अब बचपन अपना
बिखर गया दिल का हर सपना
कलियों से भाँवरे बिछड़ गये
माली से कलियां रूठ गईं
कुछ पाना और कुछ खोना
है दुनिया का दस्तूर यही
है रीति पुरानी प्रीति की ये
कुछ मिलता है तो कुछ खो जाता है
जब भी मोहब्बत दर्द बनी है......
प्यार दिलों मे पल जाता है
तन्हाई मे दिल को तड़पाता है
कदम हैं नाजुक पथरीली डगर ये
बिछड़ न जाये हमको है डर ये
धोखा भरी है दुनिया ये सारी
फीकी पड़ जाये न प्रीति हमारी
सीमा धोखा कोई देता नही है
धोखा खुद ही हो जाता है
जब भी मोहब्बत दर्द बनी है फूल भी काँटा बन जाता है....

10. लव पे तेरा नाम

नायिका: तू मन के गगन का सूरज, तू मेरे नयन का तारा,

ये सूरज चाँद सितारे हैं, सबके लिए नजारे,

नायक: इनकी चमक तो सबके लिए है,

इन आँखों की चमक बस मेरे लिए है,

नायिका: तू ही है सूरज हमारा...........

तू मन के गगन का सूरज तू मेरे नयन का तारा

तुम किसी और का हाथ नहीं थामना

मेरे हो तुम सनम मेरे ही रहना

नहीं तोड़ना कभी दिल हमारा...........

तू मन के गगन का सूरज तू मेरे नयन का तारा

नायक: सुन्दरता का बहता सागर

बस मेरे लिए है रूप का गागर

इन्द्रधनुष का रंग चुराऊँ

तेरी सूनी माँग सजाऊँ

नायिका: छूटे न कभी साथ तुम्हारा.............

तू मन के गगन का सूरज तू मेरे नयन का तारा

नायक: लव पे तेरा नाम न हो, ऐसी सुबह ऐसी शाम न हो

दो जिस्म इक जाँ हो जाऊँ मैं, साये मे जुल्फों के सो जाऊँ मैं

चाँद से निकली चाँदनी है तू, बोल रहा मन का इकतारा..............

नायिका: तू मन के गगन का सूरज

नायक: तू मेरे नयन का तारा.......................

11. ज़ख़्म

ज़ख्मों से दिल भर रहा है,

प्यार की आग मे जल रहा है,

वादे कसमों को तोड़कर

प्यार की रश्मों को तोड़कर

अपनी उल्फत को अपनी फिदरत को

अपनी चाहत को अपनी बातों को

यादों मे कोई छोड़कर जा रहा है...

ज़ख्मों से दिल भर रहा है,

प्यार की आग मे जल रहा है,

तन्हां दिल को तोड़कर

वादों से मुँह मोड़कर

अपनी अदाओं को अपनी वफाओं को

प्यार की मंजिल प्यार की राहों को

सफर मे हमसफर छोड़कर जा रहा है

ज़ख्मों से दिल भर रहा है,

प्यार की आग मे जल रहा है,

वादे बदल गये राहें बदल गईं

आलम बदल गये बहारें बदल गईं

जब मुसाफिर बदल गये तो मंजिल बदल गईं

बदल गया जहान बदलता ही जा रहा है

ज़ख्मों से दिल भर रहा है,

प्यार की आग मे जल रहा है,

मोहब्बत थी जो बेवफा बन गई

दिल को लगाया खता हो गई

चाहा जिसे मैंने रब से भी ज्यादा
समझ मै न पाया उसका इरादा
चेहरे पे नजर उसके संसार आ रहा है
ज़ख्मों से दिल भर रहा है,
प्यार की आग मे जल रहा है,
खुश रहे तो सदा यूँ ही हँसती रहे
प्यार की छाँव मे यूँ ही पलती रहे
न मिलें प्यार मे उसको धोखा कभी
यूँ ही जाये गुजर प्यार मे ज़िंदगी
रहे खुश दुआ ये दिल कर रहा है
ज़ख्मों से दिल भर रहा है,
प्यार की आग मे जल रहा है,

12. प्यार ही पूजा है

प्यार ही पूजा है इश्क ही है प्रार्थना
चाहत ही मन्नत है मोहब्बत है वन्दना
ओ साथी रे.. साथी रे.. साथी रे..
साथी तेरे साथ जियेंगे
अलग अलग अब न इक पल रहेंगे
ओ साथी रे.. साथी रे.. साथी रे..
साथी तेरे साथ जियेंगे
मुझे याद रखना न तुम भूल जाना
मोहब्बत के वादे उम्रभर निभाना
वफा के इरादों से न मुँह मोड़ जाना
मंजिल की राहों को न तुम छोड़ जाना
साथ चले है चलते रहेंगे
ओ साथी रे.. साथी रे.. साथी रे..
साथी तेरे साथ जियेंगे
जो दिल मे हो रहा है वो तुम जान लो
हम फिसल न जायें हमको सम्भाल लो
मेरी है तू मेरे लिए है
मैं दिल हूँ तू मेरी धड़कन है
कहते है हम कहते रहेंगे
ओ साथी रे.. साथी रे.. साथी रे..
साथी तेरे साथ जियेंगे
झुकीं है आँखें जिनकी गोरी गोरी बाँहें
फूलों जैसा चेहरा है जिनकी मस्त निगाहें
उसी के हम दिवाने है वही मेरी दिवानगी

अपने हमसफ़र से अपने यार से
प्यार किया है करते रहेंगे
ओ साथी रे.. साथी रे.. साथी रे..
साथी तेरे साथ जियेंगे
ओ साथी रे.. साथी रे.. साथी रे..
साथी तेरे साथ जियेंगे
अलग अलग अब न इक पल रहेंगे
ओ साथी रे.. साथी रे.. साथी रे..
साथी तेरे साथ जियेंगे

13. धड़कन

शायर नहीं हूँ मैं कोई आशिक हूँ मैं तुम्हारा
तुमसे आई लव यू बोल रहा है दिल हमारा
तुम्हें देखकर दिल मचलने लगा है
इश्क की राह मे ये फिसलने लगा है
दास्तां सुन ले मेरी ओ जाने वाले
ओ मेरी धड़कन को धड़काने वाले
बाँहों मे आ जा गले से लगा ले...
तड़पाती है तेरे गालों की लाली
प्यास जगाती है होंठों की प्याली
तीर चलाती हैं तीखी निगाहें
कदम चूमती हैं मोहब्बत की राहें
दिल बाँध लेते है बाल काले
ओ मेरी धड़कन को धड़काने वाले..
फिसलने लगा मैं राहों मे तेरे
रहने लगा दिल पनाहों मे तेरे
आंवारा मै हूँ है दिल मेरा पागल
तेरी अदाओं ने कर दिया घायल
हाल है क्या अब दिल ही जाने
ओ मेरी धड़कन को धड़काने वाले..

14. मेरी बहना

ओ मेरी बहना खुशी से तू रहना

काम ऐसा करना कि देखे दुनिया सारी

ओ मेरी बहना काम ऐसा न करना

कि हो बदनामी हमारी तुम्हारी

हमारी वफाएं तुम्हारे लिए हैं

सबकी दुआएं तुम्हारे लिए हैं

खुशियों भरा हो दामन तेरा

और चहकता हो आँगन तेरा

फूलों की तरह मुस्कुराती रहे

यही है तमन्ना हमारी

ओ मेरी बहना खुशी से तू रहना

काम ऐसा करना कि देखे दुनिया सारी

मिलें प्यार तुझको खुशियाँ हो तेरी

चमन हो निराला वादियाँ हो तेरी

बहुत खूबसूरत हो सफर ज़िन्दगी का

मुबारक हो तुमको शुभ दिन ये शादी का

ईश्वर से मेरी प्रार्थना यही है

सलामत रहे ये जोड़ी तुम्हारी

ओ मेरी बहना खुशी से तू रहना

काम ऐसा करना कि देखे दुनिया सारी

15. दिल उसका दीवाना है

प्यार मे जिसके सूरज जलता है
चाँद भी जिसका परवाना है
उसके लिए जीता हूँ मैं
मेरा दिल उसका दीवाना है
लहराये जुल्फ़ तो तूफान उठे
झुके नज़र तो शाम ढले
रूठे अगर तो गिर जाये बिजली
हँस दे मौसम बदले
उसके प्यार मे हँसते हँसते
सारा जीवन जीना है
प्यार मे जिसके सूरज जलता है
चाँद भी जिसका परवाना है
उसके लिए जीता हूँ मैं
मेरा दिल उसका दीवाना है
शर्मीली है उसकी नज़र
फूलों सा कोमल उसका बदन
जब से मिला है प्यार मुझे
खिल गया देखो मेरा चमन
जाम उसके होंठों का
अब मुझको पीना है
प्यार मे जिसके सूरज जलता है
चाँद भी जिसका परवाना है
उसके लिए जीता हूँ मैं
मेरा दिल उसका दीवाना है

वो तो ऐसी दिलवर है
जो प्यार पे प्यार लुटाती है
नज़रों से होंठों से दिल से
प्यार के रस बरसाती है
प्यार के रस मे दिलवर के
मुझको डूब जाना है
प्यार मे जिसके सूरज जलता है
चाँद भी जिसका परवाना है
उसके लिए जीता हूँ मैं
मेरा दिल उसका दीवाना है

16. बेवफा बन गई

बात जो थी दिल मे होंठों पे आ गई
कहती थी दिवानी है बेवफा बन गई
करती है मोहब्बत मुझसे दिल मे बसा है शक
नफ़रत थी किया जाहिर क्या बचा है अब
बर्षो की मोहब्बत पल मे बिखर गई
बात जो थी दिल मे होंठों पे आ गई
कहती थी दिवानी है बेवफा बन गई
दिल से मिले दिल नैनो से मिले नैना
कब हो गये दिवाने ये कोई भी जाने न
कैसी शरारत ये मेरे दिल से हो गई
बात जो थी दिल मे होंठों पे आ गई
कहती थी दिवानी है बेवफा बन गई
वादो को कसमों को मंजिल को छाकड़कर
चली गई वो संगदिल मेरे दिल को तोड़कर
इक वेवफा मेरे दिल के टुकड़े कर गई
बात जो थी दिल मे होंठों पे आ गई
कहती थी दिवानी है बेवफा बन गई
बात जो थी दिल मे होंठों पे आ गई
कहती थी दिवानी है बेवफा बन गई

17. प्यार का दुश्मन

दिल को लगा पे दिल, तोड़ न जाना,

प्यार का दुश्मन, है सारा जमाना,

दिल को लगा के दिल, तोड़ न जाना...............

नींद चुराती हो मेरी,

तुम बनकर ख्वाबों की रानी,

दो दिलों मे शुरू हुई है,

इक प्यारी सी प्रेम कहानी,

होगा कितना मधुर हम दोंनो का फसाना

दिल को लगा के दिल, तोड़ न जाना,

प्यार का दुश्मन, है सारा जमाना,

मौसम ऐसा आ गया

प्यार तुमसे हो गया

तेरी यादों मे सनम

दिल कहीं ये खो गया

प्यार मोहब्बत की बातें

मैने तुमसे ही सीखा

इन मूक निगाहों से सनम

मैंने तुम्हें कहते देखा

अब है जीवन भर हमको इक दूजे के संग रहना

दिल को लगा के दिल, तोड़ न जाना,

प्यार का दुश्मन, है सारा जमाना,

18. इक सपना जीवन का

है इक सपना जीवन का प्रेमी तेरा कहलाऊँ

चाहत मे प्यार मैं अपना जग मे अमर कर जाऊँ

बस जा मेरी आँखों मे बनकर ख्वाबों की रानी

प्यार बरस जाये न खुद ही बनकर आँखों की पानी

नींद मेरी उड़ गई है चैन मेरा खो गया

दिल मे ऐसी चाहत जागी ये दिल पागल हो गया

जो हुई हमारी हाल है मै कैसे तुम्हें बतलाऊँ

है इक सपना जीवन का प्रेमी तेरा कहलाऊँ

चाहत मे प्यार मैं अपना जग मे अमर कर जाऊँ

है एक तमन्ना जीवन की आशिकी तेरी बन जाऊँ

जीवन भर तेरे साथ रहूं और साथ साथ मर जाऊँ

देखते ही तुमको मैंने फैसला किया

इस जहाँ मे मेरा तू ही है साथिया

अब तक था अनजान मेरा ये दिल बेचारा

अब तुम्हीं हो मेरी इन बाँहों का सहारा

रहकर जीवन भर संग तेरे ये प्रीति अमर कर जाऊँ

है इक सपना जीवन का प्रेमी तेरा कहलाऊँ

तेरी चाहत मे प्यार मैं अपना जग मे अमर कर जाऊँ

19. प्रेमी हैं हम प्यार के

प्रेमी हैं हम प्यार के दिवाने दिलदार के
आशिक बनकर आ गये हम ऋतुओं संग बहार के
प्रेमी हैं हम प्यार के.........................
दिल चुरा के मेरा दूर न भागो सनम
तेरे प्यार मे मरने की खाई है मैंने कसम
मेरी शमाँ मुझे प्यार दे कलियों को बहार दे
छोटी सी ये ज़िन्दगी है हँस कर गुजार दे
प्रेमी हैं हम प्यार के दिवाने दिलदार के
आशिक बनकर आ गये हम ऋतुओं संग बहार के
प्रेमी हैं हम प्यार के.........................
प्रेमी हैं हम प्यार के दिवाने दिलदार के
आशिकी बनकर आ गई मै ऋतुओं संग बहार के
बाँहों मे छिपा लो मुझे दिल मे बसा लो
प्यार देके साजन मेरे गले से लगा लो
न चाहिए दौलत मुझे न चाहिए संसार ये
मेरी सूनी माँगो को इन हाथों से सँवार दे
प्रेमी हैं हम प्यार के दिवाने दिलदार के
आशिक बनकर आ गये हम ऋतुओं संग बहार के
प्रेमी हैं हम प्यार के.........................

20. ओ मेरी जाने जाना

तू मेरी शमाँ है मैं हूँ तेरा परवाना

सारी उमर अब साथ है रहना ओ मेरी जाने जाना

तेरे नाम लिखकर जानम अपनी ये ज़िन्दगानी

जहाँ मे छोड़ जाना है हमें अपनी निशानी

दिवाने याद करेंगे याद करेगी शमाँ जिसे

जमाना याद करेगा जिसको याद करेगा जहाँ जिसे

वो यादें होंगी प्रिया इस प्यार का नजराना

तू मेरी शमाँ है मैं हूँ तेरा परवाना

सारी उमर अब साथ है रहना ओ मेरी जाने जाना

गुजरती हैं यादों मे रातें दिल मे प्यार आता है

मेरी बाँहों मे भर दे प्यार मेरा दिल यही फरमाता है

मिलते ही निगाहों के जानम मौसम प्यारा छा जाता है

साँसों से साँसों के मिलते ही प्यार बरसने लगता है

मिले प्यार मे हम दोनो और बना एक अफसाना

तू मेरी शमाँ है मैं हूँ तेरा परवाना

सारी उमर अब साथ है रहना ओ मेरी जाने जाना

तू मेरी शमाँ है मैं हूँ तेरा परवाना

सारी उमर अब साथ है रहना ओ मेरी जाने जाना

21. आँसू

तेरा प्यार मिलते ही थे आँखों के आँसू सूख गये
समय ऐसे बदला कि अपने ही हमसे रूठ गये
यादों की जो मलिका थी जो थी ख्वाबों की रानी
खुद तो हमसे रूठ गई दे गई गम ए ज़िन्दगानी
ऐसे नाज़ुक दिल से जुड़ी थी दिल की प्रेम कहानी
खुशियाँ सब वीरान हुईं छलके आँखों से पानी
हमने कैसे सजाये सपने सजने से पहले ही टूट गये
तेरा प्यार मिलते ही थे आँखों के आँसू सूख गये
अब बचा क्या पास मेरे सिर्फ यादों के सिवा
गुनाह मैंने क्या किया था सिर्फ बातों के सिवा
हर दर्द मैं सह सकता हूँ तेरी जुदाई छोड़कर
हारे नहीं थे हम किसी से सिर्फ तुमको छोड़कर
वो तो आगे निकल गई हम रस्ते मे छूट गये
तेरा प्यार मिलते ही थे आँखों के आँसू सूख गये
क्या गुनाह है मेरा जिसकी है सजा ये दी
क्यूँ नाराज आप हैं मैने क्या खता है की
दिल लगा के आप से हमने सजाये थे सपने
करते रहे वफा हम और धोखा दिया आपने
प्रेम की जोड़ी टूट गई दिल मे मातम छा गये
थोड़ी खुशियाँ मिलीं कभी न जुदाई के गम आ गये
तेरा प्यार मिलते ही थे आँखों के आँसू सूख गये

22. रिश्ते दिलों के

अब रिश्ते दिलों के खुशियों में होते हैं
आते ही गम ये रिश्ते टूट जाते हैं
दिलो के रिश्तों से जब हम जुदा हो जायेंगे
याद आयेगी हरपल आँखों से आँसू बह जायेंगे
सच ही कहा है दुनिया के लोगों ने
कुछ भी न माना प्रेम दिवानो ने
खुशियाँ जो बढ़ती है तभी गम आते हैं
अब रिश्ते दिलों के खुशियों मे होते हैं
आते ही गम ये रिश्ते टूट जाते हैं
इक पल खुशी है तो इकपल गम है
यहाँ कोई बेवफा है कोई सितम है
दिल मे तुम्हारे प्यार नही है
या फिर मेरी चाहत कम है
प्रेमियों के बीच मे क्यूँ जमाने आते है
अब रिश्ते दिलों के खुशियों मे होते हैं
आते ही गम ये रिश्ते टूट जाते हैं

23. बरसे सावन

रिम-झिम-रिम-झिम बरसे सावन
मिलने को तुमसे तरसे ये मन
रिम-झिम-रिम-झिम बरसे सावन.....
बरसता है जैसे सावन का पानी
बनती है वैसे ही प्रेम कहानी
क्या कहती है धड़कन सुन लो ओ सनम्
प्यार है मुझको तुमसे तेरी कसम
धड़कनो ने पुकारा और चले आये हम
दूर हो गया देखो तन्हाईयों का गम
मिल जायें हम दोनो कहती है ये धड़कन
रिम-झिम-रिम-झिम बरसे सावन
मिलने को तुमसे तरसे ये मन
रिम-झिम-रिम-झिम बरसे सावन
मैं तेरे प्रेम का रोगी तू है दवा मेरी
पागल कर देगी मुझको जानम अदा तेरी
सावन की बहारें मदमस्त ये हवाएं
खुशबू तेरे बदन की साँसो मे मेरी लाएं
मौसम ने रंग बदल के दिल मे प्यार जगा दिया
रब ने बहाना करके हमको तुमसे मिला दिया
बहारों के रंग से चमके ये तेरा तन मन

24. जान से ज्यादा

जान से भी ज्यादा तुम्हें प्यार करता हूँ

तुम्हें पल मे याद हजारों बार करता हूँ

क्यूँ दूर जाती हो तुम पास आ जाओ

जिसे याद मैं करूँ ऐसी बात कह जाओ

मेरे हाथों मे तुम दे दो अपना हाथ

बोल नहीं सकती तो आँखों से करलो बात

अपनी मोहब्बत की तुमसे फरियाद करता हूँ

जान से भी ज्यादा तुम्हें प्यार करता हूँ

तुम्हें पल मे याद हजारों बार करता हूँ

रेशम जैसे बाल हैं और प्यारी प्यारी सूरत

दिल मेरा इक मन्दिर है तू मन्दिर की मूरत

प्यार करूँ तुमको कितना सोच नहीं पाया अबतक

हम साथ रहेंगे वादा है जान रहेगी ये जबतक

मैं अपनी मोहब्बत का तुमसे इकरार करता हूँ

जान से भी ज्यादा तुम्हें प्यार करता हूँ

तुम्हें पल मे याद हजारों बार करता हूँ

25. जाने अब हम मिलें कहाँ

आके मिले हम दोंनो यहाँ
मिलके हुई ज़िन्दगानी जवाँ
आजा आके लग जा गले
जाने अब हम मिलें कहाँ
मुझको मुहब्बत का इजहार करना है
दिल से तेरे मुझको सवाल करना है
कैसा है नशा तेरा तेरी कैसी है अदा
हम दोंनो है दूर मगर दिल है पास सदा
साथ जियेंगें हम उस जग मे
होगा प्यार ही प्यार जहाँ
आजा आके लग जा गले
जाने अब हम मिलें कहाँ
मिलते रहे हमदोनो बन गई प्रेम कहानी
तोड़ने से भी टूटेगी न अब ये प्रेमकहानी
इतने दिनो का प्यार है जो प्यार सलामत रखना
लाख जमाना दूर करे पर साथ मेरे तुम रहना
फिर ये सच्ची प्रेम कहानी
दे खे गा सा रा जहाँ
आजा आके लग जा गले
जाने अब हम मिलें कहाँ

26. ऐसे न तड़पाओ

जान ले लो तुम मगर ऐसे न तड़पाओ
पास रह सको न तो दूर भी न जाओ
कैसे गुजरेगा पल कैसे कटेंगे दिन
कैसे जि यें गे हम बोल तेरे बिन

तुमसे मुहब्बत करके कई सपने सजाये हैं
कितने दिनों के बाद हमतुम पास आये हैं
डर है कहीं होके अलग तुम भूल न जाओ
जान ले लो तुम मगर ऐसे न तड़पाओ
पास रह सको न तो दूर भी न जाओ

सौ पलों से भी बड़ा है एकपल का ये मिलन
मुश्किलों से होता है दिल से दिल का मिलन
प्यार नहीं है संग जिसके वो है तन्हां तन्हां
कटता नही बिन प्यार के एकपल इक लम्हां
दिल है मेरा नाजुक इसे मत तोड़ के जाओ
जान ले लो तुम मगर ऐसे न तड़पाओ
पास रह सको न तो दूर भी न जाओ

27. मेरी लाडली बेटी है तू

काले घुँघराले बाल तेरे ये प्यारी प्यारी सूरत
फूलों सा नाजुक चेहरा तेरा कलियों जैसी मुस्कान लगे
तेरे बिना सूना मेरा घर आँगन जी जान लगे
अब तक हम जीते थे खुद को
अब तेरे लिए हम जीने लगे
तुझको यूं खुश देख के मुझको
खुश ये सारा जहांन लगे
फूलों सा नाजुक चेहरा तेरा कलियों जैसी मुस्कान लगे
तेरे बिना सूना मेरा घर आँगन जी जान लगे
शर्मीली झुकी ये आँखे तेरी
कोयल सी तेरी जुबान लगे
जब से मिला है प्यार तेरा
प्यारा सारा जहांन लगे
फूलों सा नाजुक चेहरा तेरा कलियों जैसी मुस्कान लगे
तेरे बिना सूना मेरा घर आँगन जी जान लगे
मेरा सब कुछ है तेरा
तू इस घर की शान लगे
मेरी लाडली बेटी है तू
तुझसे मेरी पहचान लगे
फूलों सा नाजुक चेहरा तेरा कलियों जैसी मुस्कान लगे
तेरे बिना सूना मेरा घर आँगन जी जान लगे

28. गम की रतिया

ढल गये दिन वफा के आयी गम की रतिया
दिल तोड़ दिया उसने ही जिसको प्यार दिया
जुल्फों के साये मे सोता था जिनके
यादों मे आहें मैं भरता था जिनके
नाज था मुझको मोहब्बत मे जिनपर
देखा था दर्पण शराफत का जिनपर
पास ही थे हम दोनो पर जाने कितनी दूरी थी
मालूम नही मुझको उसकी जाने क्या मजबूरी थी
आँखों मे देखता हूँ तो गम ही नजर आता है
मजबूर है जमाने से ऐसा मुझको लगता है
जाने कैसी बात हुई कि उसने वादा तोड़ दिया
ढल गये दिन वफा के आयी गम की रतिया
दिल तोड़ दिया उसने ही जिसको प्यार दिया

29. उलझन

कितना प्यारा मौसम कितनी सुहानी पवन है

खुश है सारा जमाना दिल में इक उलझन है

मेरी उलझन मेरी जाने जाँ समझाऊँ कितना भी समझे न

इक पल हँसा देना इक पल रूला देना

नज़रे मिला के पलभर नज़रें चुरा लेना

खेलकर दिल से फिर उसको भुला देना

इन हुश्न वालों की यही है दास्ताँ

मेरी उलझन मेरी जाने जाँ समझाऊँ कितना भी समझे न

जिस्म ए दर्द हजारों सह लूँ दर्द जुदाई सह न सकूँ

जी न सकूँगा तेरे बिना मैं तेरे बिना मर न सकूँ

करना प्यार सरल है मुश्किल है प्यार निभाना

गम है कितना प्यार मे जिसने किया वो जाना

ज़ख्म मिलता है करो यदि वफाँ

मेरी उलझन मेरी जाने जाँ समझाऊँ कितना भी समझे न

कितना प्यारा मौसम कितनी सुहानी पवन है

खुश है सारा जमाना दिल मे इक उलझन है

मेरी उलझन मेरी जाने जाँ समझाऊँ कितना भी समझे न

30. तू मेरी ज़िन्दगानी

मैं तेरा दिल हूँ तू मेरी ज़िन्दगानी

चाहत है दिलवालों की सुन्दर सी दीवानी

दिल को क्या पता क्या होती है प्रेम कहानी

मैं तेरा दिल हूँ तू मेरी ज़िन्दगानी

इसमें दिल नादान करता है मीठी नादानी

इक पल की खुशियाँ हैं इक पल की ज़िन्दगानी

मैं तेरा दिल हूँ तू मेरी ज़िन्दगानी

इकपल का ये आलम है इकपल की प्रेम कहानी

आ प्यार मे गुज़ार दें पल भर की ये ज़वानी

मैं तेरा दिल हूँ तू मेरी ज़िन्दगानी

मैं तेरे दिल का राजा तू मेरे दिल की रानी

मैं तेरा दिल हूँ तू मेरी ज़िन्दगानी

चाहत है दिलवालों की सुन्दर सी दीवानी

दिल को क्या पता क्या होती है प्रेम कहानी

मैं तेरा दिल हूँ तू मेरी ज़िन्दगानी

31. मेरे हमसफ़र

मेरे हमसफ़र मेरे पास आ रह जाये न कोई फांसला
मेरे हमसफ़र मेरे पास आ रह जाये न कोई फांसला
यूँ दूर से क्या देखती है आ पूँछ दिल से क्या बेखुदी है
कितना मैं प्यासा हूँ कितना मैं तड़पता हूँ तेरे लिए हरपल
ये प्यास तू बुझा दे मेरे पास आ इक पल
आज ही बस आज और नही अब कल
इन ज़ुल्फों को बिखरा के बाँहों मे मुझको दे सुला
मेरे हमसफ़र मेरे पास आ रह जाये न कोई फांसला
ये होंठ गुलाबी हैं जितने उतनी ही प्यारी बातें
ये हुश्न तुम्हारा जितना प्यारा उतनी ही प्यारी रातें
मुलाकात हमारी क्या रंग लायी है
महबूबा मेरी मेरे संग आयी है
आने दे ज़ुबां पे दिल की बाते समझूं मैं तेरी वफा
मेरे हमसफ़र मेरे पास आ रह जाये न कोई फांसला
मेरे हमसफ़र मेरे पास आ रह जाये न कोई फांसला

32. दिल

दिल मे रहने वाले दिल से रूठते नहीं
साथ मे चलने वाले पीछे छूटते नहीं
इक छोटी सी गलती हुई सिकवे इतने होने लगे
दौलत के बाजार मे प्यार के वादे खोने लगे
प्यार की आँखों मे भी सपने और सजने लगे
सोच के पिछली बातों को प्यार भरे दिल रोने लगे
पर दौलत के बाजारों मे प्यार कभी बिकते नहीं
दिल मे रहने वाले दिल से रूठते नहीं
साथ मे चलने वाले पीछे छूटते नहीं
जब दूर हुए तब दर्द हुआ जब दर्द हुआ तब जाना
एक जनम का साथ नही है जनमों जनम निभाना
मेरे यार तुमसे मुझे सिकवा नही है
बता दे तू मुझसे खपा अब नही है
बिना प्यार के दिन कटते नही
दिल मे रहने वाले दिल से रूठते नहीं
साथ मे चलने वाले पीछे छूटते नहीं

33. कौन किससे कहे

दर्द तुमने सहा दर्द हमने सहे
किस पे बीती है क्या कौन किससे कहे
ज़ख्म मुझको दिया खुद गई ऐश मे
मुझको संगदिल मिला प्यार के भेष मे
क्या रखा प्यार मे हर खुशी पैसे मे
यूँ तो कट जायेगी जिन्दगी ऐसे मे
प्यार धोखा है जो कोई फिर क्यूँ करे
दर्द तुमने सहा दर्द हमने सहे
किस पे बीती है क्या कौन किससे कहे
प्यार है जो बुरा तो दिल क्यूँ दिये
दूर जाना ही था तो करीब क्यूँ हुए
बाते कटनी थी तो वादे फिर क्यूँ हुए
बेवफा जो थे दिल जाँ निसार क्यूँ हुए
साथ चलना न था फिर क्यूँ चलने लगे
दर्द तुमने सहा दर्द हमने सहे
किस पे बीती है क्या कौन किससे कहे

34. मेरी याद आयेगी

जाओ तुम चाहे जहाँ मेरी याद आयेगी
यादों मे आँखें शर्म से तेरी झुक जायेंगी
सोचोगे बाद मे दूर हमको न जाना था
वादे मुहब्बत के साथ हमको निभाना था
मुस्कुराते हुए हम थे जिनसे मिले
आज अपने वो हमसे पराये हुए
हो के हमसे जुदा न तू जी पायेगी
जाओ तुम चाहे जहाँ मेरी याद आयेगी
यादों मे आँखें शर्म से तेरी झुक जायेंगी
दिल ने दिल से वादा किया रिश्तों ने वादा तोड़ दिया
हर धड़कन ने साथ निभाया जिस्मों ने साथ छोड़ दिया
यदि हम थे मुसाफिर वो थी मुसाफिर
फिर क्यूँ जिए हम इक दूजे की खातिर
राह मुसाफिर भटक गया तो मंजिल न आयेगी
जाओ तुम चाहे जहाँ मेरी याद आयेगी
यादों मे आँखें शर्म से तेरी झुक जायेंगी

35. हाल दिल की मेरे क्या हुई

प्यार मे हम तुम्हें क्या बताये सनम
हाल दिल की मेरे क्या हुई...
नींद आँखों की मेरे उड़ गई
तेरी यादों मे ये नम हुई
चलना कदमों ने छोड़ा मेरे
और धड़कन मेरी रूक गई
खो के तुमको लगा मुझको ऐसे
कि पश्त मेरी वफाएँ हुई
प्यार मे हम तुम्हें क्या बताये सनम
हाल दिल की मेरे क्या हुई...
तेरी यादों मे तड़पा ये दिल
मेरी आँखों से वारिस हुई
सह सका न जिसम् ये मेरा
दर्द इतनी थी दिल मे हुई
जिस्म ने साथ छोड़ा मेरा
और साँसे मेरी थम गईं
प्यार मे हम तुम्हें क्या बताये सनम
हाल दिल की मेरे क्या हुई...
दर्द ही दर्द था हर तरफ
थी हर खुशी गम मे बदली हुई
रास्ते खो गये थे सभी
और मंजिल थी खोयी हुई
जागते थे हम रात भर
सारी दुनिया थी सोई हुई

प्यार मे हम तुम्हें क्या बताये सनम
हाल दिल की मेरे क्या हुई...
होके तुमसे अलग ऐसे लगता
जैसे जिन्दगी थी सतायी हुई
तेरी बाँहों मे लगता है ऐसे
जैसे खुशियाँ है छायी हुई
जुल्फें ऐसे लहरा रही हैं
जैसे बहारें है आयी हुई
प्यार मे हम तुम्हें क्या बताये सनम
हाल दिल की मेरे क्या हुई...

36. सच्ची लव स्टोरी

इक बात बताऊँ मैं यारों जरा ध्यान लगाना इसपर
सच्चा प्यार वही है साथी सब कुछ लुटा दो जिसपर
इक प्रेम कहानी तुम्हें बताऊँ जरा समझना इसको
फिर सोचना ऐ यारों कहते है प्यार निभाना किसको
एक गाँव की इक लड़की थी एक गाँव का इक लड़का
लड़की लड़के पे मरती थी था लड़का लड़की पे मरता
हद से भी वे गुजर चुके थे मगर जमाने का डर था
थी मिलने पर खामोश ज़ुबाँ पर आँखो से प्यार कहता था
कि-
संग मिट जायेंगे पर न होंगे जुदा
सारी दुनिया जले तुम न होना खफा
तुम मेरा प्यार हो तुम मेरी जिन्दगी
साथ छूटेगा न ये कसम प्यार की
संग हम तुम जियेंगे सनम उम्रभर
साथ तुम हो नहीं है जमाने का डर
चमकेगी आसमाँ मे अपनी वफा
संग मिट जायेंगे पर न होंगे जुदा
सारी दुनिया जले तुम न होना खफा
हम जियेंगे मरेंगे तेरी बाँहों मे
काँटे भी फूल हैं प्यार की राहों मे
लाख पहरे लगा दे कोई प्यार पर
जोर चलता नही किसी का प्यार पर
बात नज़रें करें कुछ न बोले जुबाँ
संग मिट जायेंगे पर न होंगे जुदा

सारी दुनिया जले तुम न होना खफा

37. प्यार की कीमत

मेरे प्यार की तूने कीमत न जानी

ऐसे बहाया जैसे दरिया का पानी

झूठी है तू झूठा है तेरा वादा

आया समझ मे था तेरा क्या इरादा

संगदिल है तू जो मैं जान जाता

तुझको कभी न मीत बनाता

तूने ऐसे जलाया मुझे जैसे आग पानी

मेरे प्यार की तूने कीमत न जानी

ऐसे बहाया जैसे दरिया का पानी

किसी को जहाँ मे संगदिल मिले ना

ये दिल तोड़ते हैं ऐसे जैसे खिलौना

चुराते हैं दिल ये हँसाते हैं पलभर

देखे हैं धोखा रूलाते हैं उम्रभर

दिल मे ही रह जाती है दिल की कहानी

मेरे प्यार की तूने कीमत न जानी

ऐसे बहाया जैसे दरिया का पानी

ये चेहरे के मासूम दिल के हैं पत्थर

समझते हैं दिल को ये पैरो की पायल

तोड़ते हैं ऐसे दिल को जैसे डालों से फूल

वक्त आने पे अपना वादा जाते हैं भूल

मुस्कुराना तोड़ के दिल बेवफा की है निशानी

38. हम ऐसे दीवाने हैं

कोई समझे कोई समझ न पाये

प्रेम के ऐसे फँसाने हैं

मौत भी जिसको रोक न पाये

हम ऐसे दीवाने हैं

जियेंगे जब तक प्यार करेंगे

अलग नहीं इकपल भी रहेंगे

हम हैं दिवाने हमको नही किसी का डर

प्यार मे झूमेंगे सभी ये धरती ये अम्बर

आगे आगे हम दीवाने पीछे सारे जमाने है

कोई समझे कोई समझ न पाये

प्रेम के ऐसे फँसाने हैं

मौत भी जिसको रोक न पाये

हम ऐसे दीवाने हैं

दीवाने हैं दीवानो मे प्यार सभी से करते हैं

देखके ऐसे हमको तो जलने वाले जलते हैं

प्यार हमारी पूजा है प्यार हमारी मंजिल

प्यार हमारा संगम है ये प्यार हमारा शाहिल

प्यार की बस्ती मे रहते हैं दुनिया से अनजाने है

कोई समझे कोई समझ न पाये

प्रेम के ऐसे फँसाने हैं

मौत भी जिसको रोक न पाये

हम ऐसे दीवाने हैं

इश्क की राहें हैं दीवानो की डगर

इस राह मे आयेगा जो जायेगा कुचल

परवाह नही किसी की फिकर न जीने मरने की
आशिक हैं अंगारे हैं हिम्मत न करना छूने की
फूल हैं क्या काँटे है क्या सब हमने पहचाने हैं
कोई समझे कोई समझ न पाये
प्रेम के ऐसे फँसाने हैं
मौत भी जिसको रोक न पाये
हम ऐसे दीवाने हैं
कोई समझे कोई समझ न पाये
प्रेम के ऐसे फँसाने हैं
मौत भी जिसको रोक न पाये
हम ऐसे दीवाने हैं

39. दिल में दर्द गम के

हों लाख मुश्किलें पर तुम जुदा न होना
मेरी बाजुओं से तुम दामन अलग न करना
सामने हमेशा तुम मेरे मुस्कुराती रहना
जाये बदल ये दुनिया लेकिन न तुम बदलना
मेरे साथी मेरे हमदम मेरे साथ साथ चलना
हों लाख मुश्किलें पर तुम जुदा न होना
मेरे दिल मे दर्द गम के काँटे न तुम चुभोना
सदियों है ये पुराना सिलसिला चाहतों का
सीखा निभाना तुमसे वादा मुहब्बतों का
संजोया है अपने दिल मे सपना तुम्हारे लव का
खुदा करे कि प्यार मे पड़े होके अलग न जीना
हों लाख मुश्किलें पर तुम जुदा न होना
मेरे दिल मे दर्द गम के काँटे न तुम चुभोना
मेरी चाहतो को अपने दिल मे छुपा के रखना
जितना चाहता हूँ मै तुम भी उतना प्यार करना
तुम पे मेरे सनम मुझको यकींन है
महफूज रखना चाहत धोखा तुम न देना
हों लाख मुश्किलें पर तुम जुदा न होना
मेरे दिल मे दर्द गम के काँटे न तुम चुभोना

40. ख्यालों में

रहने दो मुझको ख्यालों में ही गुम
नई जिन्दगी जियो मेरे हमकदम तुम
यादों मे तेरे गुजरेगा जीवन
यादों मे ही कटेगा लम्हा लम्हा
यादों में तेरे ही दिन-रात कटेंगे
बिन तेरे होगा ये दिल तन्हा तन्हा
तुम्हें चाहता था मैं तुम्हें चाहता हूँ
दिल मे बसे हो छाये आँखों में तुम
रहने दो मुझको ख्यालों मे ही गुम
नई जिन्दगी जियो मेरे हमकदम तुम
चेहरे पे बेचैनी होती है
धड़कन भी बढ़ जाती है
तूफान सा उठता है दिल मे
जब याद तुम्हारी आती है
मेरे आँसुओं की न परवाह करना
तुम्हीं साँस हो मेरी धड़कन भी तुम
रहने दो मुझको ख्यालों मे ही गुम
नई जिन्दगी जियो मेरे हमकदम तुम

41. तिरंगा

भारत की है शान तिरंगा वीरों की है जान तिरंगा
देश के वीर जवानों का सबकुछ तुझपे कुर्बान तिरंगा
हम सब भारत वासियों का तू ही है अरमान तिरंगा
देश के वीर जवानों का सबकुछ तुझपे कुर्बान तिरंगा
नीले गगन को छूने वाला है वीरों के रंग से रंगने वाला
वीरों की धड़कन है तू हर वीर है तुझको चाहने वाला
तेरी गोदी मे जन्मा है हर महापुरूष कहलाने वाला
हँसते हुए मिट गया बहादुर तेरी शान को रखने वाला
है सर पे मुकुट हिमालय का सौन्दर्य बढ़ाती तन का गंगा
देश के वीर जवानों का सबकुछ तुझपे कुर्बान तिरंगा
हम सब भारत वासियों का तू ही है अरमान तिरंगा
देश के वीर जवानों का सबकुछ तुझपे कुर्बान तिरंगा
आज देश की दशा है क्या है बात जरा ये सोचने वाली
चारों तरफ आतंक खड़ा, हैं खून की नदियाँ बहने वाली
शान्ति के इस प्रिय देश मे जंग है फिर से छिड़ने वाली
हमें पैदा करनी है इक ताकत इन पापों से लड़ने वाली
तेरे लिए ही सबकुछ मेरा तन मन धन और जान तिरंगा
देश के वीर जवानों का सबकुछ तुझपे कुर्बान तिरंगा
हम सब भारत वासियों का तू ही है अरमान तिरंगा
देश के वीर जवानों का सबकुछ तुझपे कुर्बान तिरंगा

42. तेरी ऊँची शान तिरंगा

तेरी ऊँची शान तिरंगा वीरों की पहचान तिरंगा

वीरों का अरमान है तू हर वीर है तुझको चाहने वाला

मुझमें भी उत्साह जगा दे थोड़ा सा उत्साह जगा दे

कम न होगी शान तेरी चाहे दुश्मन जितना जोर लगा ले

तन को दे दें मन को दे दें

जिस्म दे दें जान दे दें

खून की नदियाँ बहा दें

तू ही तो कहता है हर वीर तुझपे मरता है

मिट सकूँ तेरे लिए मैं मुझको भी इस योग्य बना दे

मुझमें भी उत्साह जगा दे थोड़ा सा उत्साह जगा दे

बुद्धि दे दे शक्ति दे दे

प्रेम दे दे भक्ति दे दे

सब मे तू विश्वास जगा दे

रक्षा वतन की कर सकूँ मैं साहस इतना मुझको दे दे

कर सकूँ मानव की सेवा ऐसा मुझमें भाव भर दे

मुझमें भी उत्साह जगा दे थोड़ा सा उत्साह जगा दे

तेरी ऊँची शान तिरंगा वीरों की पहचान तिरंगा

वीरों का अरमान है तू हर वीर है तुझको चाहने वाला

मुझमें भी उत्साह जगा दे थोड़ा सा उत्साह जगा दे

कम न होगी शान तेरी चाहे दुश्मन जितना जोर लगा ले

43. गरीब की पुकार

कौन सुने देश मे गरीब की पुकार
कौन लाये आज यहाँ शान्ति की बहार
धन धान्य से सम्पन्न है देश हमारा
हर देश से प्यारा है देश हमारा
नीले गगन को छूता तिरंगा हमारा
ये चिन्ह नहीं कोई है शान हमारा
आज छाई सारे देश मे है खुशी की बहार
मगर कौन सुने देश मे गरीब की पुकार
मार काट आतंक से दबा है प्रशासन
गुण्डों का चल रहा कानून पे शासन
अरबों की संख्या मे भारत के वासी
मत मे अनेक है ये हिन्द निवासी
गठबंधन से चल रही है देश की सरकार
तो कौन सुने देश मे गरीब की पुकार
अमीर और गरीब मे है बँट गया समाज
गरीबों पे हँस रहे हैं अमीर आज
दुख दर्द मे फंसी है जिन्दगी गरीब की
अमीरों के समंदर मे है नईया गरीब की
ईश्वर ही करे नईया गरीबो की पार
कौन सुने देश मे गरीब की पुकार
कौन सुने देश मे गरीब की पुकार

44. तेरी याद

भूलकर भी तू मुझे याद आती रही
तेरी यादों से दिल मुस्कुराता रहा।
तुझको रखके निगाहों मे हाजिर सदा
सबकी नजरों से नजरें बचाता रहा
भूलकर भी तू मुझे याद आती रही.....
मेरे गुजरे हुए ये वर्षो के दिन
तेरी यादों मे क्षण भर लगें
प्यार हैं मेरी तन्हाईयाँ
रातें यादों से रोशन लगें
कुछ नही है संग मेरे
तेरी यादों मे हर गम लुटाता रहा
भूलकर भी तू मुझे याद आती रही.....
गुजरे मिलन को जो सोचा कभी
इस दुनिया से नफरत होने लगी
बेवफा प्यार था या थे हम बेवफा
धड़कने मेरे दिल से ये कहने लगीं
तोड़ा दिल को उसी ने मेरे
जिसको मैं ये दिल देता रहा
भूलकर भी तू मुझे याद आती रही.....
तोड़कर मेरे वादे सनम
कोई वादा तो तूने निभाया ही है
बर्बाद करके दुनिया मेरी
कोई दुनिया तो तूने बसाया ही है
लगे न तुझको दुनिया की तीखी नजर

अपने दिल मे मैं तुझको छुपाता रहा
भूलकर भी तू मुझे याद आती रही.....
याद आईं जो कोई घड़ी प्यार की
हँस करके दिल से आँसू बहे
बिछड़ने का मुझको कोई गम नही
गम है मुश्किल से हम भुलाये गये
छीना दुनिया ने मुझसे तुम्हें
फिर भी सीने मे ये दिल धड़कता रहा
भूलकर भी तू मुझे याद आती रही.....

45. जीना मुश्किल हुआ

दिखलाई पड़ती हैं तेरी छलकें फेरूँ जहाँ भी नजर

जीना मुश्किल हुआ बिन तेरे जीवन का लम्बा सफर

जीता हूँ हर पल यादों मे तेरे

कटता है पलपल ख्वाबों मे तेरे

कैसे भुला दूँ मुहब्बत के वादे

मैं कैसे भुला दूँ वफा के इरादे

न भूल पाऊँगा मैं तेरी चाहत

न भूल पाऊँगा मैं तुम्हें

दिल मे बसी है जो तेरी मुहब्बत

कैसे निकालूँ बता दे मुझे

कैसे सम्भालूँ मै खुद को कैसे सम्भालूँ मैं अपना जिगर

जीना मुश्किल हुआ बिन तेरे जीवन का लम्बा सफर

मोहब्बत का पलपल मुझे है सताता

नहीं दिल मेरा ये तुझे भूल पाता

तेरी बातें वफाएं तुम्हारी

तेरे वादे अदाएं तुम्हारी

कैसे भूल जाऊँ मै तेरी रंगत

न भूल पाऊँगा मै तेरी संगत

तेरे बिना मै रह न सकूँगा, होके जुदा तुमसे जी न सकूँगा

वीरान हो गई दिल की दुनिया जीवन बना अब जहर

46. ये कैसी प्रीति

रब ने कैसी प्रीति बनाई

मिलन से जोड़ी जुदाई

गुल से गुलशन बिछड़ गये

डालों से फूल टूट गया

दिल मे प्यार बसा ही रहा

प्यार का साथी छूट गया

इक दर्द उठा दिल से मेरे

हर धड़कन मेरी तड़प उठी

मेरे दिल से आँसू बहते हैं

जब जब आती है याद तेरी

जब तुमने छोड़ा मुझको

तब से साथ है तन्हाई

रब ने कैसी प्रीति बनाई

मिलन से जोड़ी जुदाई

बीस बरस यूँ ही बीत गये

जो शेष थे वो भी आये

जो अलग अलग थे मिल गये

मिलने वाले बिछड़ गये

जो फूल था अबतक गुलशन का

वो काँटा बनकर चुभने लगा

जिस प्यार से दिल को प्यार मिला

उसमे ही दिल जलने लगा

लाख सम्भाला फिर भी दिल से

आह ज़ुबाँ पर आई

रब ने कैसी प्रीति बनाई
मिलन से जोड़ी जुदाई
चेहरे पे उदासी न लाओ सनम
वरना इकपल भी न हम जी पायेंगे
देखेंगे जो चेहरा ये रोता हुआ
हम तड़प करके यूँ ही मर जायेंगे
न किसी को मनाते न कोई रूठ जाता
न दिल को लगाते न दिल टूट जाता
मोहब्बत तो यारा सफर है ही ऐसा
किसी को पकड़ते कोई छूट जाता
कुसूर नही है कोई मेरा
न ही है तेरी ये बेवफाई
रब ने कैसी प्रीति बनाई
मिलन से जोड़ी जुदाई

47. मोहब्बत नही तुम

कहू मैं अगर तो मोहब्बत नही तुम,
न हो मेरी चाहत न हो मेरा गम
प्यार जिसको दिया तोड़ उसने दिया
प्यार ने गम दिया प्यार तुमने दिया
मुस्कुरा के किसी ने रूलाया मुझे
याद दे के किसी ने भुलाया मुझे
दिल मे रखा जिसे उसने दिल से निकाला
साथ छोड़ा किसी ने किसी ने सम्भाला
कहू मैं अगर तो मोहब्बत नही तुम..
तोड़कर प्यार के वादे जब कोई जाता है
दिल पे तीर चलती है दिल टूट जाता है
कहाँ बेवफाओं को इसकी खबर है
नया दिल लगाया नया हमसफर है
दीवानों का दिल तो खिलवाड़ है
बेवफाओं के कमरों की दीवार है
कहूँ मैं अगर तो मोहब्बत नही तुम
जिसको जाना जीवन मौत वो बन गई
मैंने सोचा भी न था जो वो कर गई
छोड़कर मुझको तन्हां मेरी राहों मे
झूलने वो लगी गैरों की बाँहों मे
जो रोया मेरा दिल वो हँसने लगी
फिर भी आँसू बहे जब वो जाने लगी
कहूँ मैं अगर तो मोहब्बत नही तुम..

48. ये मोहब्बत कहती है

दिल से दिल मिल जायें ये मोहब्बत कहती है
खामोश है जुबाँ दोनो की निगाहे बात करती है
जवां हैं दिल के सपने जवां हैं ये मौसम
दिल की धड़कनो मे तुम खो गये कहाँ सनम
मुस्कुराये ऐसे जैसे फूलों की कली खिली
हाले दिल क्या हुआ जब नजरो से नजरे मिली
रात है मिलन की ये बहार कहती है
दिल से दिल मिल जायें ये मोहब्बत कहती है
जन्मों का साथ है वादा है प्यार का
मूल्य नही कोई साथी तेरे प्यार का
रोशनी है प्यार की दिल की महफिल मे
तू है मेरे दिल मे मैं हूँ तेरे दिल मे
मेरे सीने मे तेरी धड़कन धड़कती है
दिल से दिल मिल जायें ये मोहब्बत कहती है
चाँदनी है रात और हम अकेले हैं
मुहब्बत की बाँहों मे दिल के मेले हैं
इन पलकों तले है सुबह शाम मेरा
होंठों पे मेरे है बस नाम तेरा
हरपल मेरी आँखों मे तेरी सूरत रहती है
दिल से दिल मिल जायें ये मोहब्बत कहती है

49. दुनिया ये वैसी ही है

बुझें न कभी बीच से अब मेरे ये जलती हुई रोशनी
दुनिया ये वैसी ही है जैसी थी हमने सुनी
जितने मेहमान हैं सारे अनजान हैं
कितने अधिकारी हैं कितने परवाने
अब तक दूर थे इक दूजे से हम
आये कहाँ थे दिन मिलन के सुहाने
राग छेड़ा जो दिल ने हम गाने लगे
सबका चेहरा खिला मुस्कुराने लगे
मैंने सोचा था अपने जो दिल मे कभी
दुनिया अच्छी है उससे कितनी गुनी
दुनिया ये वैसी ही है जैसी थी हमने सुनी
मौसम बदला है खुशियाँ छाई हैं
बड़े दिनो पे यारा ये घड़ियाँ आई है
तारों से सजी है महफिल चारों तरफ प्रकाश है
दिलवालों की भीड़ मे कितना अच्छा सहवास है
कब दिन डूबा कब शाम ढली
कब रात हुई कब दिन निकला
प्यार से खिलता है जीवन
प्यार के बिन दुनिया सूनी
दुनिया ये वैसी ही है जैसी थी हमने सुनी

50. जुबाँ पे मेरे

हुआ न ऐसा कोई सबेरा ढली न ऐसी शाम
आया न हो जुबाँ पे मेरे दिलवर तेरा नाम
दूर रहूँ तुमसे भले ही आँखों मे तेरी सूरत है
मेरे दिल के मन्दिर मे तेरे प्यार की मूरत है
तू ही है मंजिल मेरी तू ही मेरी दौलत है
तू ही है यार मेरा तू ही मेरी जरूरत है
चलती है मेरी धड़कन ले ले के तेरा नाम
हुआ न ऐसा कोई सबेरा ढली न ऐसी शाम
आया न हो जुबाँ पे मेरे दिलवर तेरा नाम
रंगो मे दुनिया के सनम मुझको नही रंगना
कदमो से कदम मिलाकर तेरे साथ है चलना
रहता हूँ तेरी बाँहों मे तो खुशियाँ छाई रहती है
तू दूर न हो कभी सामने से निगाहें कहती है
तेरे होंठों का प्याला ही अब है मेरा जाम
हुआ न ऐसा कोई सबेरा ढली न ऐसी शाम
आया न हो जुबाँ पे मेरे दिलवर तेरा नाम